LA
RÉPUBLIQUE
c'est la Paix.

PAR

M. CHARLES BAÏHAUT

Ingénieur civil, ancien élève de l'École polytechnique. Conseiller
municipal de Mollans (près Lure).

BELFORT
Imprimerie J. SPITZMULLER
1875

LA
RÉPUBLIQUE
c'est la Paix.

PAR

M. CHARLES BAÏHAUT

Ingénieur civil, ancien élève de l'Ecole polytechnique, Conseiller
municipal de Mollans (près Lure).

BELFORT
Imprimerie J. SPITZMULLER
1875

I

AVANT-PROPOS

———

Hommes de la ville et de la campagne,
Ouvriers des usines et travailleurs des champs,
C'est à vous qui, dans notre beau département
de la Haute-Saône, maniez l'outil ou la charrue,
C'est à vous qui représentez la nation laborieuse,
C'est à vous tous que je dédie ces lignes
tracées d'une main ferme et partant d'un cœur
sincère !

Je voudrais me présenter au seuil de chacun
d'entre vous pour l'entretenir des affaires de la
France.

Je suis sûr que vous m'offririez volontiers une
place à votre table de famille ; j'aurais plaisir à
m'asseoir près de votre feu dans la saison des

veillées, et tout en vous questionnant sur ce que l'expérience vous a appris, à vous exposer moi-même ce qui me paraît être la vérité.

Vous m'enseigneriez sans doute certaines choses que j'ignore, et je crois qu'en échange, je vous en dirais d'autres qui pourraient vous devenir utiles.

Cette longue tournée n'étant guère réalisable, je prends le parti d'écrire au lieu de parler.

A l'heure actuelle, le cultivateur et l'artisan ont soif de lumière; ils savent que la politique est pour chacun, non-seulement un droit, mais un devoir, puisque, de sa marche plus ou moins habile, dépendent la ruine ou la prospérité du pays, c'est-à-dire de tous les citoyens.

Je suis donc persuadé que mon petit livre sera lu par la plupart d'entre vous.

Puisse-t-il vous convaincre :

Que la guerre extérieure et la guerre civile sont les plus terribles des fléaux ;

Que le rétablissement d'une monarchie ou d'un empire nous replongerait dans cet abîme de misères, d'où nous sortons à peine ;

Enfin que la consolidation d'une république prudente et loyale constitue le meilleur moyen de relever la patrie ;

Car :

La République, c'est la paix!

II

LA GUERRE

———

J'ai passé un an au Brésil, chargé d'une mission auprès de l'Etat ; j'ai donc pu observer de près cet Empire parlementaire, qui n'avait pas encore proclamé l'émancipation des nègres.

A mon retour, j'ai visité la grande République des Etats-Unis, qui a soutenu une lutte gigantesque pour détruire l'esclavage, et dont la splendeur se fonde sur la pratique de toutes les libertés.

J'ai été envoyé plus tard en Italie, où, durant six mois, j'ai vu fonctionner une monarchie constitutionnelle.

Enfin, j'ai fait un séjour de deux ans en Russie, au sein de cette autocratie absolue, où le servage de 45 millions de paysans n'est aboli, en principe, que depuis 1861.

Vous voyez que ma carrière m'a permis de

comparer entre elles toutes les formes de gouvernements, en même temps que les conditions d'existence des peuples très-divers.

J'ai cherché, en outre, à me pénétrer de l'histoire des civilisations, et je viens vous dire très-simplement ce qui résulte pour moi de ces études et de ces voyages.

Les hommes ne sauraient vivre seuls ; ils se réunissent et mettent en commun leurs puissances musculaires, leurs intelligences, leurs ressources physiques et morales. — pour arriver à la plus grande somme de bonheur possible.

Telle est la raison d'être des groupements qu'on appelle peuples ; telle est la philosophie qui se dégage de la naissance et du développement graduel des nations.

A l'époque de progrès où nous vivons, le christianisme a suffisamment adouci les mœurs, pour que les désirs humains se bornent, en général, à une satisfaction légitime des besoins du corps et de l'âme, — satisfaction que l'on demande à une organisation régulière totalisant les efforts des individus et garantissant ces derniers contre les excès de la force brutale sur laquelle étaient basées, au contraire, les sociétés païennes.

Il est évident qu'aujourd'hui la guerre extérieure et la guerre civile ne s'expliquent plus.

Je vous montrerai tout à l'heure comment elles sont encore possibles et quel est le plus sûr procédé à suivre pour les éviter dans l'avenir.

Permettez-moi tout d'abord d'insister sur les horreurs de pareils fléaux.

Vous êtes cultivateur ; vous avez, depuis votre enfance, labouré, semé, moissonné, — luttant contre le sol souvent ingrat, contre les grêles et les sécheresses, — dormant peu, travaillant dur et longtemps, pour amasser quelques épargnes destinées à assurer la paix de vos vieux jours.

Vous avez associé à votre existence une brave femme, qui vous aide à la culture et tient le ménage avec économie.

Vous avez eu un fils, que la mère a nourri de son lait, tout en continuant son ouvrage, que vous avez envoyé à l'école pour en faire un citoyen utile aux autres et à lui-même, qui vous seconde maintenant dans votre labeur quotidien.

Vous avez bien vécu, et aujourd'hui que vous voilà fatigué par l'âge, vous songez à vous reposer un peu, laissant faire l'enfant devenu homme et jouissant de l'aisance que vous avez acquise par vos efforts.

Vous mariez votre fils : les petits enfants naissent. Vous voilà tout fier de les faire sauter sur vos genoux, et de parcourir de nouveau, par la mémoire, en regardant votre vieille compagne et cette famille issue de vous, le chemin de la vie, où vous n'avez point fait un faux pas et qui doit vous conduire doucement à une mort entourée de regrets.

Vous avez été un homme actif et droit, vous

êtes maintenant un homme calme et heureux.

Tout cet échafaudage de joies si bien gagnées peut s'écrouler en un instant.

C'est un dimanche, au printemps : En attendant l'heure du souper, vous fumez votre pipe à la porte de votre demeure, en respirant l'air, tout embaumé des senteurs de la campagne.

Le fils est à la ville voisine ; les femmes jasent près des fournaux ; les marmots courent sur le chemin.

Jamais peut-être vous n'avez eu l'âme aussi épanouie.

Le maître d'école vient à passer ; c'est un homme instruit et de grand sens ; outre ses classes, il est secrétaire de la mairie et chante à l'église en latin. — Au lieu de vous dire bonjour de sa voix bien timbrée, il se hâte en baissant la tête.

— « Vous faites le fier aujourd'hui, monsieur « le maître ? »

— « Un grand malheur, Monsieur, un grand « malheur ! La guerre est déclarée ! »

Et il s'échappe en courant.

— « La guerre ! ! »

Vous vous précipitez chez M. le curé, un doyen à cheveux blancs, qui vous a marié et a vu mourir votre mère :

— « Est-ce possible, monsieur le curé ? On « dit que nous avons la guerre. »

— « Que Dieu nous protége ! » répond le « vieillard en regardant le ciel.

Vous faites le tour du village : le garde-champêtre — un ancien soldat — montre à quelques jeunes gens armés de bâtons, comment on fait l'exercice.

Vous rentrez chez vous avec un serrement de cœur. Le fils qui arrive sur la route tout essoufflé, se jette dans vos bras :

— « L'ennemi marche vers la frontière, mon « père, et je suis appelé sous les drapeaux. »

Quel souper funèbre !

L'instituteur, le curé, le garde ont apporté les journaux et en font lecture. La mère, la jeune femme, les enfants pleurent. Le fils est tout pâle, avec un éclair dans les yeux. Personne ne peut manger ; et pourtant, comme la soupe fumante a bonne odeur ! Comme le temps est radieux au dehors !

On se quitte avec une tristesse profonde, et vous passez une partie de la nuit, seul, près de la fenêtre, grave et sombre, contemplant les étoiles et songeant au lendemain.

Six mois après, votre fils unique a été tué par un éclat d'obus en faisant son devoir ; la mère est morte de chagrin. La France a été battue. L'ennemi a pillé votre maison et brûlé vos moissons. Les impôts qu'il faut subir pour payer la rançon nationale achèvent de vous ruiner, et vous restez en ce monde, chargé de la veuve et des orphelins, — pauvre, malade et désespéré.

— Voilà la guerre !

J'ai connu à Paris un ouvrier, qui avait quitté son village, avec le désir d'amasser un peu d'argent et de s'en retourner ensuite au pays près de ses vieux parents.

Il avait un frère aîné au service.

Pendant cette épouvantable Commune, l'ouvrier, séduit par les mauvais conseils, excité par les souffrances du siége, entraîné peut-être par le besoin, combattit dans les rangs des insurgés, — en face de son frère qui était caporal dans un régiment versaillais.

Le soldat fut tué devant le fort d'Issy par un coup de feu qui avait pu être tiré par son frère cadet.

Quant au fédéré, il fut pris à l'entrée des troupes et fusillé contre un mur.

Les parents sont restés seuls, et on a dû les inscrire sur la liste des indigents.

Voilà la guerre civile, plus terrible encore que la lutte contre l'étranger.

Il me semble, après les affreux spectacles que nous avons eus sous les yeux en 1870 et 1871, que tout homme de bien, aimant sa patrie, son hameau, sa famille, doit avoir la guerre en exécration : — La guerre qui moissonne la jeunesse dans sa fleur, qui égorge la partie vigoureuse de la nation et renvoie au village des estropiés et des malades, devenus presque incapables d'une paternité saine et d'un robuste travail !

Le soc languit sous des bras mutilés.

Ainsi parle Béranger, dont vous connaissez les chansons à boire ; c'était une âme noble, en même temps qu'un vrai talent. Je ne résiste pas au plaisir de vous citer encore quatre vers de ce poète philosophe, qui rentrent dans le sujet dont nous nous entretenons :

> Pauvres humains, tant de haine vous lasse ;
> Vous ne goûtez qu'un pénible sommeil.
> D'un globe étroit divisez mieux l'espace :
> Chacun de vous aura place au soleil.

La France est une terre bénie qui produit le blé, les fourrages, et même la vigne — cette vigne dont la liqueur pourpre ou dorée donne la force aux muscles et met le cœur en joie ! Les Français sont actifs, laborieux, intelligents : — Nous serions impardonnables d'attaquer nos voisins ou de nous déchirer les uns les autres.

Une telle vérité frappe les regards comme la lumière du soleil. — Pourquoi donc tant de luttes sourdes, tant de germes de discorde, tant de craintes de nouveaux combats au dehors et au dedans ?

Hélas ! Les peuples ne demandent que la paix ; mais les souverains ont besoin de la guerre.

III.

LA MONARCHIE

Dans l'antiquité, les sociétés étaient toutes fondées sur la force, qui primait le droit plus encore que chez Messieurs les Prussiens ; — ou plutôt le droit n'existait que pour quelques privilégiés.

Athènes, la plus libérale et la plus éclairée des cités grecques, était composée de 20,000 citoyens et de 300,000 esclaves.

Les Romains regardaient le travail comme indigne d'eux, mais trouvaient très-digne de s'emparer brutalement du travail des autres.

Le seul moyen d'asservir ainsi des multitudes afin de les employer au bonheur de quelques-uns, consistait dans l'invasion à main armée :

On se jetait sur un peuple, et on le dépouillait.

La guerre était permanente.

Au moyen-âge, à cette époque où certain parti extrême ne serait point fâché de nous ramener, des principes analogues fixaient les rapports des seigneurs et de ceux qu'on appelait les *manants.*

Ceux-ci ne travaillaient la terre que pour leur maître.

Aussi le sol était — par parenthèse — loin de produire ce qu'il donne aujourd'hui à l'homme libre, qui le cultive, sachant que sa peine lui profitera directement.

Non contents de vivre aux dépens du peuple, les nobles cherchaient à se ruiner les uns les autres. Il y avait des luttes continuelles de village à village, de château à château ; en sorte qu'après avoir pioché et jeûné dans l'intérêt du seigneur, on se faisait casser la tête pour son bon plaisir.

Il faut bien reconnaître que nous avons réalisé quelques progrès depuis ce temps-là.

Les possesseurs de fiefs, à force de rançonner les paysans et de piller les villes, devinrent plus puissants et plus riches que le roi lui-même.

La France, d'ailleurs, n'existait guère que de nom ; on parlait des langues diverses ; les provinces étaient divisées : — Si bien qu'un jour, les Anglais, profitant de toutes ces discordes, s'emparèrent d'une grande partie du territoire et même de Paris.

Charles VII, qui occupait le trône, dut se retirer jusqu'à Bourges, s'occupant beaucoup plus de ses plaisirs que de la défense de son pays.

C'est alors qu'une pauvre bergère de Domremy, nommée Jeanne Darc, entreprit de ranimer les courages et de chasser l'étranger. S'il est dans l'histoire un nom sans tache, devant lequel nous devions tous nous incliner, respectueux et graves, c'est celui de cette vierge, qui, en quelques semaines, réunit les défenseurs épars de la France démembrée, leur inspira l'ardeur et la confiance, délivra Orléans, fit sacrer le roi à Reims, et, prisonnière, s'en alla mourir à Rouen sur un bûcher.

Michelet, un grand historien — républicain comme Thiers, comme Edgard Quinet, comme Henri Martin — appelle Jeanne Darc « *une apparition de la patrie qui allait naître.* »

C'est elle, en effet, dont les paroles de flamme et les actes héroïques créèrent l'unité française.

Les successeurs de Charles VII achevèrent de concentrer entre leurs mains le pouvoir absolu et transformèrent en courtisans les nobles jadis souverains.

Mais au lieu d'accorder au peuple les libertés auxquelles il avait droit, ils le traitèrent à peu près comme l'avaient traité les seigneurs féodaux.

La monarchie fut réellement l'exploitation de tous au profit d'un seul.

Cette exploitation nationale ayant des limites, et le prince étant convaincu qu'il ne saurait s'enrichir qu'aux dépens d'autrui, la guerre continua à désoler le pays :

Guerre étrangère entreprise par esprit de conquête ou simplement par orgueil;

Guerre civile amenée, soit par la révolte de quelques nobles incorrigibles, soit par des querelles religieuses servant de prétexte aux ambitieux, soit enfin par la misère des paysans et des ouvriers.

Cette misère était affreuse.

— Le servage fût-il aboli par la générosité de nos rois ?

Non, certes ! Ils ne donnèrent pas l'indépendance, ils la vendirent. La plèbe se racheta moyennant finance, et ce fut pour les princes un ingénieux moyen de battre monnaie.

« Autrefois, dit satiriquement Paul-Louis
« Courrier, on tuait un manant pour cinq sols
« parisis. C'était la loi. Tout noble ayant tué
« un vilain devait jeter cinq sous sur la fosse
« du mort. Mais les lois libérales ne s'exécu-
« tent guère, et la plupart du temps on nous
« tuait pour rien.

« Toutes choses ont leurs progrès. Du temps
« de Montaigne, un vilain, son seigneur le vou-
« lant tuer, s'avisa de se défendre. Chacun en
« fut surpris, et le seigneur surtout qui ne s'y
« attendait guère, et Montaigne, qui le raconte.
« Ce manant devinait les droits de l'homme. Il
« fut pendu, cela devait être. Il ne faut pas
« devancer son siècle. »

Sous Louis XIV — cet idéal des légitimistes, ce « *grand roi* » comme ils le nomment, sous lequel, en définitive, la France a subi les hontes de l'invasion — la nation était un troupeau corvéable à merci, nourrissant la cour, payant les favorites et les bâtards, suant 1 milliard quatre cent millions pour embellir Versailles.

Un honnête homme, Vauban, grand économiste et grand ingénieur, le même qui a fortifié presque toutes nos villes de l'Est, publiait en 1676 un admirable livre, la *Dîme royale*, où il s'exprimait ainsi :

« La dixième partie du peuple est réduite à
« la mendicité et mendie effectivement, des
« neuf autres parties, il y en a cinq qui ne sont
« pas en état de faire l'aumône à celle-là, parce
« qu'elles-mêmes sont réduites, à très-peu de
« chose près, à cette malheureuse condition.
« Des quatre autres parties qui restent, trois
« sont malaisées et embarrassées de dettes et
« de procès. Il n'y a pas dix milles familles, pe-
« tites ou grandes, qu'on puisse dire être à leur
« aise. »

Boisguilbert ajoutait en 1869 :

« Considérant la manière dont la taille se dé-
« partit, s'impose et se paie, il faut demeurer
« d'accord qu'elle est également la ruine des
« corps, des biens et des âmes. Il s'est trouvé
« des années où les droits ont été vingt fois plus
« forts dans le détail que le prix en gros de la
« denrée. « Les peuples s'estimeraient heureux
« s'ils pouvaient avoir du pain et de l'eau à peu
« près leur nécessaire, ce qu'on ne voit presque
« jamais. »

Il y a cent ans à peine, Louis XV — dit le

Bien-aimé — constituait une société ayant pour but d'accaparer toutes les céréales et de les revendre plus cher à ses sujets mourant de faim. La détresse était devenue si terrible que, dans les campagnes, on se nourrissait de pain de fougères, et que, dans certaines villes, on déterrait les cadavres pour en ronger les os.

Telle était la situation du peuple au « bon vieux temps. »

Remarquez d'ailleurs que cette mise en coupe réglée de la nation par le roi n'était pas due aux excès personnels de monarques corrompus et despotes : elle était l'application rationnelle du principe même sur lequel reposait la monarchie.

Ce principe s'appelait le *droit divin.*

La France appartenait à une famille, en vertu d'une grâce mystérieuse venue d'en haut.

Louis XIV osait écrire, dans son *Manuel* à l'usage du dauphin :

« Je suis lieutenant de Dieu.

« Lorsque je prends une résolution, Dieu « m'envoie son esprit.

« Je possède la *vie* et la *fortune* de mon peu-« ple en toute propriété. »

Bossuet disait :

« Dieu forme les princes guerriers. Avec les « conditions requises, la guerre n'est pas seule-« ment légitime, mais encore pieuse et sainte « *Les rois doivent rester toujours armés.* »

Vous le voyez, la monarchie s'appuyait :

Sur l'oppression au-dedans.

Sur la guerre au-dehors.

Le dernier représentant de la légitimité est M. le comte de Chambord. S'il revenait au pouvoir, il ne ferait certes pas revivre tous les abus de l'ancien régime.

Mais croyez-vous qu'il respecterait nos institutions présentes ?

Il ne daigne même pas accepter notre drapeau aux trois couleurs.

« Personne, affirme-t-il, n'obtiendra de moi « que je consente à devenir le roi légitime de la « Révolution. »

Ces paroles sont d'une clarté parfaite.

Le principe même de la monarchie est en opposition avec nos libertés les plus chères.

Henri V ne pourrait gouverner :

Ni avec le suffrage universel,

Ni avec la division des fortunes, qui rend la noblesse impuissante,

Ni avec l'institution du jury,

Ni avec l'indépendance des écrivains et des orateurs,

Ni avec une armée composée de tous les citoyens,

Ni avec la diffusion de l'enseignement, qui développe la conscience et la raison dans l'âme humaine.

De là, nécessité de rétablir le cens électoral et le droit d'aînesse, de bâillonner le prétoire, la presse et la tribune, de reconstituer les vieilles armées fondées sur le privilége et la faveur, de maintenir la nation dans un état d'ignorance qui la courbe sous le despotisme de droit divin.

Laisserions-nous porter une main sacrilége sur cet héritage, que nos pères nous ont transmis après l'avoir gagné au prix de leur sang et de leurs larmes ?

Les autres peuples de l'Europe qui, à notre exemple, ont réalisé les mêmes progrès, ne prendraient-ils pas les armes pour renverser dans la poussière ce restaurateur du passé ?

Nous aurions la guerre civile et la guerre étrangère.

A côté de la monarchie absolue, il en existe une autre dite *parlementaire*, parce qu'elle s'appuie sur des Chambres élues, et constitue une sorte de moyen terme entre l'antique royauté et la République.

Or, l'hérédité est inconciliable avec la souveraineté nationale.

Cette théorie mixte aboutit donc tôt ou tard à un conflit entre le roi et le peuple :

Si le roi résiste, c'est un coup d'Etat.

Si le peuple ne se soumet point, c'est une révolution.

Le ciel nous préserve de ces malheurs, que toute restauration monarchique rendrait aussi inévitables que celui d'une guerre étrangère !

I V

L'EMPIRE

Nous avons esquissé le tableau des souffrances populaires sous Louis XIV et Louis XV. Il arriva qu'un jour de grands esprits s'indignèrent de tant d'excès. Les philosophes proclamèrent que nous sommes égaux, que nous sommes frères, que nous devons être libres : vérités déjà vieilles pourtant, puisque Jésus-Christ est mort pour elles.

L'Assemblée de 89, sortie des entrailles mêmes de la nation, osa jeter à la face des despotes cette *Déclaration des droits de l'Homme*, qui est une sorte d'Evangile des temps modernes.

Tous les trônes d'Europe chancelèrent, et la République française fut fondée sur les bases de la suprême justice et de l'amour universel.

La Révolution, tout occupée de détruire les

abus et de répandre dans le peuple une paix bienfaisante, après tant de luttes et de misères, ne songeait point aux conquêtes.

Mais l'empereur d'Autriche et le roi de Prusse franchirent notre frontière, « exigeant » le maintien de Louis XVI au pouvoir et le rétablissement des priviléges féodaux en Alsace.

Vous savez comment la République répondit à tant d'insolence :

Nos soldats marchaient pieds nus sans un murmure ; les généraux avaient vingt-cinq ans, comme Hoche ; le patriotisme enflammait tous les cœurs.

Admirable époque! — où les représentants, travail'ant nuit et jour, créaient un nouveau monde ; où les volontaires luttaient en chantant pour la France et pour la liberté ; où la vie débordait de ce peuple rajeuni, comme l'eau d'une coupe trop pleine ; où la Mort elle-même apparaissait dans les plis du drapeau, avec un sourire aux lèvres et une auréole sur le front !

Est-il une âme généreuse qui ne tressaille à ces glorieux souvenirs ?

Si la Révolution n'avait pas eu contre elle, au dehors l'étranger en armes, au dedans la Vendée soulevée, partout la conspiration des anciens nobles, elle serait restée pure de tout excès, et nul ne peut dire à quel degré de prospérité et de grandeur se serait élevée notre patrie.

Le régime de la Terreur amena la réaction, et la France affolée se jeta dans les bras d'un soldat.

Ce soldat était un génie, Napoléon : génie funeste, qui musela la Révolution, qui plia les esprits sous son joug de fer, qui enchaîna la patrie dans le régiment.

Il débuta par l'attentat du 18 brumaire dirigé contre les députés de la nation; puis, confisquant à l'intérieur les libertés saintes, — dans je ne sais quelle parodie de l'ancien régime, — il se soutint par la guerre, d'abord triomphante, puis maudite.

Il promena ses aigles des montagnes espagnoles aux neiges de Russie, et s'en alla mourir sur le rocher de Sainte-Hélène, léguant à la France deux invasions, une frontière amoindrie, l'affaissement moral dû au despotisme militaire et la haine de toute l'Europe.

Le premier empire avait enlevé à notre pays plus d'un million de ses enfants tombés sur les champs de bataille. Le souvenir de pareilles hécatombes suffisait pour vouer le nom de Bonaparte à l'exécration de l'avenir.

Comment un second empire a-t-il donc été possible ?

Il y a là un de ces problèmes dont la solution échappe à la raison humaine.

Napoléon III n'avait même pas, comme son oncle, l'excuse du génie : l'un avait été Napoléon-le-Grand, l'autre fut Napoléon-le-Petit.

Après une jeunesse singulièrement aventureuse, il s'empara du pouvoir comme un voleur de nuit, et l'histoire n'aura point de termes assez sévères pour flétrir le guet-apens du

Deux-Décembre, pâle copie du 18 brumaire.

Cet homme avait prêté le serment suivant :

« En présence de Dieu, et devant le peuple
« français représenté par l'Assemblée nationale,
« je jure de rester fidèle à la République démo-
« cratique, une et indivisible, et de remplir tous
« les devoirs que m'impose la Constitution.

« Les suffrages de la nation et le serment que
« je viens de prêter commandent ma conduite
« future. Mon devoir est tracé, je le remplirai en
« homme d'honneur. Je verrai des ennemis de la
« patrie dans tous ceux qui tenteraient de chan-
« ger, par des voies illégales, ce que la France
« entière a établi. »

Quatre ans plus tard, ce parjure faisait arrêter dans leur lit les représentants du peuple.

L'insurrection fut étouffée dans le sang ; on mitrailla jusqu'aux promeneurs inoffensifs sur les boulevards de Paris. — Puis des magistrats consentirent à rendre la justice au nom de celui qui venait d'assassiner la Loi, et les *commissions mixtes* envoyèrent à Cayenne et à Lambessa dix mille citoyens coupables d'avoir défendu la Constitution.

Le 9 octobre 1852, Louis Bonaparte prononçait, à Bordeaux, cette parole mémorable :

« *L'empire, c'est la paix.* »

Où sont les 300,000 jeunes gens restés en Crimée, en Italie, en Syrie, en Chine, en Cochinchine, en Algérie, au Mexique ?

Les mères et les épouses pourront-elles jamais oublier tant de deuils?

Sans compter que ce régime de la force nous a isolés au milieu de l'Europe.

Pendant ce temps, l'établissement des chemins de fer et la transformation économique subie par toutes les nations, enrichissaient la France, et Napoléon III s'attribuait le mérite de cette prospérité, distribuant 70 millions aux membres de sa famille, dépensait lui-même 60 millions par an, et creusant peu à peu le gouffre où devaient s'engloutir nos milliards et presque notre honneur.

Je n'oublierai jamais quelles furent mes émotions quand j'appris la déclaration de guerre contre l'Allemagne.

Plein de mépris pour le passé bonapartiste, je rougissais depuis dix-huit années de voir ma patrie aux mains de l'homme de décembre. La politique intérieure, cette course aux écus, ce luxe et cet agiotage, ce relâchement des mœurs publiques et privées, le spectacle de ces Assemblées serviles, nées du bon plaisir impérial, tout cela m'avait mis au cœur, comme dit Alceste :

« *Ces haines vigoureuses,*
« *Que doit donner le vice aux âmes vertueuses.*»

Il me semblait évident que la France tenait du moins à la paix.

Michelet écrivait : « Personne ne veut la guerre. On va faire croire à l'Europe que nous la voulons. Ceci est un coup de surprise et un escamotage. »

Et les journalistes officieux insultaient les cheveux blancs de ce grand penseur, à l'heure même où les députés officiels apostrophaient M. Thiers, prophétisant la défaite et l'invasion.

Certes, je comprenais bien que nous n'avions de secours à attendre d'aucun gouvernement, puisque nous les avions tous combattus ou menacés. J'avais vu manœuvrer à Berlin les armées prussiennes, et je connaissais leur supériorité sur les nôtres. — Mais je ne prévoyais pourtant pas un tel désordre administratif, ce vide de nos arsenaux, ces défaites si rapides, ces capitulations si honteuses.

J'ai eu la curiosité de comparer les désastres de Sedan et de Metz aux faits analogues que présente l'histoire depuis deux siècles.

Je transcris la liste complète, pour achever de vous édifier sur la gloire des Napoléon :

		Hommes
1. (1700) *Capitulation de Narva* . .		30,000

Une armée russe se rend à Charles XII de Suède.

2. (1709) *Capitulation de Pultawa*.		16,000

Après la bataille de Pultawa, le reste de l'armée suédoise se rend à Pierre-le-Grand.

3. (1713) *Capitulation de Tonning*.		11,000

L'armée suédoise de Steenbock se rend à l'armée russe.

4. (1756) *Capitulation de Pirna* . .		17,000

L'armée saxonne est entourée par Frédéric-le-Grand.

5. (1760) *Capitulation de Maxen* . .   10,000
Une armée prussienne se rend à une
   armée autrichienne.

6. (1781) *Capitulation d'Yorktown* .   8,000
L'armée anglaise de lord Cornwallis se
   rend à Washinton.

7. (1805) *Capitulation d'Ulm*   32,000
L'armée autrichienne de Mack se rend
   à Napoléon Ier.

8. (1806) *Capitulation de Prenzlau.*   24,000
Le général prussien Hohenlohe se
   rend à Berthier et Murat.

9. (1806) *Capitulation de Lubeck.* .   10,000
Le général prussien Blucher se rend à
   Bernadotte.

10. (1808) *Capitulation de Baylen* .   25,000
Le général français Dupont se rend à
   l'armée anglo-espagnole.

11. (1813) *Capitulation de Kulm* . .   20,000
Le général Vandamme se rend à l'empereur de Russie et au roi de Prusse.

12 (1849) *Capitulation de Bilagos.*   23,000
L'armée hongroise se rend aux Russes.

13. (1865) *Capitulation dans la Ca-*
   roline du Sud   30,000
L'armée du Sud de Johnston et Beau-
   regard se rend à Shermann.

14. (1867) *Capitulation de Langen-*
   salza.   16,000
L'armée hanovrienne se rend au général prussien Vogel von Falkenstein.

15. (1870) *Capitulation de Sedan.* .   84,000

16. (1870) *Capitulation de Metz* . . 173,000

Ainsi donc, la capitulation la plus importante durant les dix-huitième et dix-neuvième siècles, avait été celle de 32,000 hommes, à Ulm :

En 1870, Napoléon III et Bazaine ont livré à l'ennemi 257,000 Français !

A la nouvelle de Sedan, l'empire s'effondra, — sans que le 4 septembre fût une révolution, tant le sentiment de l'honneur est resté intact au fond de l'âme gauloise.

Plus tard, le procès de celui qui, après avoir abandonné Maximilien au Mexique, n'a pas voulu défendre Metz — Metz-la-*Pucelle* — a fait tressaillir le pays tout entier.

Nous raconterons à nos fils, — nous les frères de ceux qui sont morts pour la patrie, — que la première visite de Bazaine évadé fut pour celui qu'on appelait autrefois le prince impérial, et que tous deux s'embrassèrent avec l'effusion de cœurs dignes de se comprendre.

Sous ce règne néfaste, les budgets de la guerre ont absorbé. . . . . 9 milliards.

Les expéditions de Crimée, d'Italie et du Mexique ont coûté en outre plus de . . . . . 3 milliards.

L'indemnité exigée par l'Allemagne s'élève à . . . . . 5 milliards.

Enfin, les pertes effectives résultant de l'invasion, sans parler de celles qu'ont subies le commerce et l'industrie, doivent être évaluées à , ... 10 milliards.

Total . . 27 milliards.

Tel est le bilan du second empire.

Avec ces 27 milliards engloutis par la guerre, on aurait pu construire, au prix moyen de 200,000 francs par kilomètre, un réseau de chemins de fer égal en étendue à huit fois le réseau actuel de la France, c'est-à-dire porter la prospérité jusque dans nos régions les plus incultes et les plus pauvres.

Une partie de cette somme étant représentée par des rentes perpétuelles, les contribuables,, qui payaient en 1848 un milliard et demi d'impôts par an, en paient aujourd'hui deux milliards et demi. Différence : un milliard de charges pesant sur la nation, grâce à l'ambition malsaine d'un empereur !

En dépit de ce passé si récent, on rencontre encore des hommes qui osent s'avouer bonapartistes. Je suis convaincu qu'ils sont très-rares et ne paraissent quelquefois nombreux que parce qu'ils s'agitent beaucoup et crient le plus fort possible.

Laissez-moi vous dire, si l'empire revenait, ce qu'il adviendrait de la France.

« L'idée napoléonienne, écrivait à Londres, en « 1840, le futur Napoléon III, consiste à recons- « tituer la société française bouleversée par cin- « quante ans de révolution, à concilier l'ordre et

« la liberté, les droits du peuple et les principes
« d'autorité. »

La grande commotion de 89 avait été un choc
entre le système monarchique et le système républicain : Les Bonaparte voulurent unir le
monde ancien et le monde moderne, séparés par
un abîme. — Cet accouplement ne pouvait produire que des fruits monstrueux.

L'oncle s'était trouvé en face d'une bourgeoisie révolutionnaire : il lui jeta l'appât des titres
et de l'or.

Le neveu comprit que le peuple était mena-
çant : il lui jeta l'illusion du suffrage universel.

Dans le césarisme, les Napoléon occupent le
trône de père en fils, et en même temps, la nation est souveraine.

Les inconséquences de la royauté parlementaire que nous avons signalées plus haut, ne
sont-elles pas ici plus évidentes encore?

— Comment admettre l'hérédité, si un plébis-
cite peut renverser le chef du pouvoir ?

Les Bonaparte prévoient donc d'avance que
le pays, dans ses votes, se prononcera toujours
en leur faveur. Ils comptent à cet effet sur ce
qu'ils appellent l'abrutissement des masses, sur
la corruption électorale, sur le mensonge des
candidatures officielles — et même, s'il le faut
pour réussir, sur l'emploi des urnes à double
fonds.

Est-ce qu'une pareille théorie pourrait triom-
pher, surtout au lendemain de nos désastres,
dans la France libérale, honnête et intelligente,

sans provoquer des troubles civils ? L'empire ne s'imposerait qu'après un coup d'Etat et des proscriptions nouvelles. Au reste, les journaux payés par ce parti sans vergogne ne ménagent guère les menaces à ceux qui n'ont oublié ni le 18 brumaire, ni le 2 décembre — ni Waterloo ni Sedan.

Les meilleurs d'entre nous seraient donc frappés ; puis, pour distraire la nation frémissante, pour asservir le citoyen dans le soldat, on tenterait de nouveau une guerre étrangère — avec Bazaine pour général en chef.

Le premier empire nous a fait perdre la Belgique et les provinces du Rhin.

Le second empire nous a fait perdre l'Alsace et la Lorraine, avec Strasbourg et, Metz.

Un troisième empire nous ferait perdre Belfort et notre chère Franche-Comté.

V

L'EUROPE ACTUELLE

Je vous ai dit que la monarchie et l'empire
avaient presque constamment fait la guerre.
Avant d'examiner quelle forme de gouvernement permettrait d'éviter un tel fléau dans l'a-
venir, il est naturel de se poser la question
suivante :

— Étant admis que la France veut la paix,
les autres puissances la désirent-elles également?

— Quelle est, en d'autres termes, la véritable
situation de l'Europe ?

Les excès militaires des Louis XIV et des
Napoléon ont attiré sur nous des haines univer-
selles.

En présence du péril que nos despotes fai-
saient courir à l'Europe, celle-ci s'est transfor-
mée en un vaste camp, où tout homme valide est
soldat.

Jadis, la lutte mettait aux prises des armées relativement peu nombreuses, qu'on appelait des armées permanentes. Le service constituait une carrière, surtout pour les officiers, et si la conscription était une suprême injustice, du moins elle n'enlevait chaque année à la charrue et à l'étable qu'une portion de nos jeunes gens.

Aujourd'hui, la guerre est le choc de deux nations l'une contre l'autre.

C'est la Prusse qui a pris l'initiative de cette organisation et l'a perfectionnée, avec l'énergie que lui donnaient son ressentiment séculaire et son génie méthodique. Les autres gouvernements ont dû suivre cet exemple, soit par ambition, soit par prudence, et les détails qui suivent, relatifs aux forces des diverses armées, vous édifieront sur l'état actuel du monde prétendu civilisé.

Allemagne.

Le service est obligatoire et dure 12 années, dont 3 ans dans l'armée active.

4 ans dans la réserve,
5 ans dans la *landwehr*.

L'armée active, augmentée de la réserve, qui est encadrée dans le rang au premier appel est forte de . . . . . 850,000 combattants.

La *landwehr* en comprend . . . . 650,000 environ.

Total. . . . 1,500,000 hommes.

qui, ayant déjà servi, sont de vrais soldats

En outre, M. de Moltke, le grand administrateur et le grand tacticien, a fait voter une nouvelle loi, qui organise le *landsturm* en y incorporant tout le reste des hommes en état de porter un fusil. On pense que ce landsturm pourra donner 1,500,000 auxiliaires, destinés à la défense du territoire.

L'Allemagne serait donc capable de lever trois millions d'hommes.

Autriche.

La nécessité de mesures économiques et la diversité des races qui forment l'agglomération austro-hongroise, ont empêché ce gouvernement d'adopter exactement le système prussien.

Le service est obligatoire pendant 12 ans, comme en Allemagne ; mais les soldats sont divisés, d'après le recrutement et les chances du tirage, en trois catégories :

1° *Hommes classés dans l'armée active.*
> 3 ans de service effectif.
> 7 ans dans la réserve.
> 2 ans dans la landwehr.

2° *Hommes classés dans la réserve de remplacement.*
> 10 ans dans la réserve de remplacement qui doit servir, en temps de guerre, à combler les vides de l'armée active.
> 2 ans dans la landwehr.

3° *Hommes classés dans la landwehr.*
> 12 ans dans la landwerhr, qui est de trois sortes :
>
> Landwehr impériale et royale, comprenant les citoyens des pays représentés au Reichsrath.
> Landwehr hongroise, ou *honveds.*
> Landwehr du Tyrol et du Vorarlsberg.

L'effectif se compose de 800,000 hommes, dont 280,000 appartenant à l'armée active, et 520,000 formant la réserve.

Il existe enfin un landsturm, mais qui doit se recruter par des engagements volontaires.

Russie.

Le 1er janvier 1874, le czar Alexandre a soumis à l'obligation du service militaire toute la population de son empire. Le tirage au sort classe les jeunes gens de vingt ans en deux groupes :

Les premiers numéros appartiennent à l'armée active. Durant vingt ans, ils servent :

> 6 ans dans l'armée active proprement dite.
> 9 ans dans la réserve.
> 5 ans dans la milice.

Les numéros suivants constituent la *milice*, qui n'est appelée qu'en temps de guerre, et est divisée en deux bans :

L'un, comprenant 4 années et devant combler les vides de l'armée active, peut être appelé par un *ukase*, ou décret impérial, adressé au Sénat.

L'autre n'est mobilisé qu'en cas de nécessité absolue et par un manifeste du czar.

Les 6 ans de service dans l'armée active donneront . . . . 780,000 hommes,

Et les 9 ans dans la réserve. . . . . 930,000 hommes.

Il faut ajouter à ces chiffres :

1. Un personnel qui ne se recrute point par voie d'appels. . . . . . . 110,000 hommes.

2. Les troupes de cosaques, admirable cavalerie légère . . . . 180,000 hommes.

On arrive ainsi à un total de 2,000,000 hommes, qui, joints à 1,500,000 miliciens, forment un ensemble de 3 1/2 millions de soldats.

Italie.

Tout citoyen est lié au service depuis vingt jusqu'à trente-neuf ans accomplis.

Les hommes sont classés en deux catégories :

Ceux de la première passent 4 années effectives sous les drapeaux et sont ensuite renvoyés en congé illimité.

Ceux de la seconde sont maintenus dans leurs foyers, sauf les périodes d'exercices.

Cette armée comprend :

> 150,000 hommes présents sous les drapeaux.
> 192,000 hommes de la première catégorie en congé illimité.
> 128,000 hommes de la deuxième catégorie également en congé.

Total. 470,000 hommes,
auxquels il faut ajouter environ 270,000 hommes de milice *mobile*.

L'Italie peut donc disposer de 740,000 soldats, sans compter une milice *territoriale* et une milice *communale*, qui correspondent à la landwehr et au landsturm, mais seulement en principe, car ces deux troupes sont à peine instruites et n'ont même pas d'uniformes.

Turquie.

Depuis 1869, la durée du service est fixée à 20 ans,
> dont : 6 ans dans l'armée régulière (*Nizam*).
> 6 ans dans la réserve (*Redif.*)
> 8 ans dans la milice territoriale (*Mustahfiz*).

Les forces ottomanes seront les suivantes :

Nizam. . . .	210,000 hommes.
Redif	190,000 hommes.
Mustahfiz . .	300,000 hommes.
Total . . .	700,000 hommes.

Angleterre.

L'Angleterre n'a ni le service obligatoire, ni même la conscription; l'armée se recrute par des enrôlements.

L'effectif, sans compter les troupes des Indes, est de 500,000 hommes, se répartissant comme suit :

Armée régulière.	190,000 hommes.
Milice	110,000 hommes.
Volontaires . .	150,000 hommes.
Réserves . . .	50,000 hommes.

Mais ces contingents n'existent complètement que sur le papier, et la Grande Bretagne est surtout puissante par sa richesse, par son admirable marine et par sa situation géographique au milieu de l'océan.

En résumé, sauf l'Angleterre qui, dans ses îles, défie les invasions, toutes les puissances ont adopté le service obligatoire.

La France a dû faire de même par sécurité, et la loi du 27 juillet 1872 nous enrôle depuis l'âge de vingt ans jusqu'à celui de quarante, soit pendant :

5 ans dans l'armée active,
4 ans dans la réserve de l'armée active,
5 ans dans l'armée territoriale,
6 ans dans la réserve de l'armée territoriale.

Ce système a permis à la Prusse, prête la première, d'écraser le Danemark, d'affaiblir l'Autriche, de détruire l'ancienne Confédération germanique, puis de battre la France impériale.

L'Europe ressemble aujourd'hui à une immense caserne : on n'entend que le bruit des bataillons qui manœuvrent, des escadrons qui galoppent, des batteries qui défilent. Une partie de l'intelligence humaine s'absorbe à créer des engins de plus en plus meurtriers. L'œuvre de destruction fait chaque jour de nouveaux progrès.

La guerre, entreprise dans ces conditions, devient un épouvantable cataclysme.

Les peuples se ruent l'un sur l'autre. L'agriculture, l'industrie, le commerce s'arrêtent ; la famille, — cette base fondamentale de la patrie, — est elle-même menacée, puisque les hommes mariés se font tuer comme les célibataires. La vie nationale est comme suspendue.

— Qui sait pourtant si le bien ne sortira pas de l'excès du mal ?

Les citoyens, étant tous soldats, sont plus intéressés que jamais au maintien de la paix : Ne forceront-ils pas leurs gouvernements à hésiter devant une déclaration de guerre, qui, jadis, se lançait parfois d'un *cœur* si *léger*, alors que l'armée semblait un troupeau voué aux hécatombes ?

L'Allemagne, qui meurt de faim chez elle et qui voit la France se relever, grâce à sa terre fertile, rêve de nous arracher encore quelques provinces et quelques milliards.

Je ne nie pas que nous ayons là un dangereux voisin.

Au printemps dernier, il a bien manqué de nous chercher querelle. Mais le gouvernement du maréchal de Mac-Mahon, secondé par M. Thiers, qui a conservé d'étroites relations avec les cabinets étrangers, a obtenu l'intervention de la Russie et de l'Angleterre, qui ont arrêté M. de Bismarck.

L'essentiel est que nous enlevions à nos ennemis tout prétexte à nous attaquer.

Je veux essayer de vous démontrer que cette politique sage et loyale est essentiellement *républicaine*.

VI

LA RÉPUBLIQUE, C'EST LA PAIX ;

— Qu'est-ce que la République ?

La République est le gouvernement constitué par le choix successif des hommes que les citoyens jugent le plus capables et le plus honnêtes.

La monarchie monopolisait la puissance entre les mains d'un roi sacré par le ciel.

La Révolution de 89 la rendit à la nation toute entière, devenue maîtresse de ses destinées.

Le droit *humain* se substitua au droit *divin*.

L'Angleterre, qui a eu Cromwell, s'est enfermée dans son égoïsme commercial, et, séparée du continent par la mer, n'a pas eu le désir ou la force de transmettre à l'Europe les libertés conquises par la chute des Stuart.

L'Amérique, qui a eu Washington, pouvait indiquer par son exemple, le but des sociétés modernes, — mais seulement de loin, en théorie, sans action directe sur l'ancien monde.

C'est la France qui, depuis un siècle, a eu l'honneur de convertir les peuples à la liberté.

Il lui reste une autre mission, non moins belle, à accomplir, — c'est de les convertir à la paix.

Les principes républicains de droit international peuvent se résumer ainsi :

« Les peuples sont égaux, quels que soient le nombre des habitants et l'étendue des territoires.

« Le droit des peuples à s'appartenir et à se gouverner eux-mêmes est inaliénable et imprescriptible.

« Nul peuple ne peut disposer d'un autre peuple par la conquête.

« La seule guerre légitime est la guerre défensive. »

La lutte devient sainte, en effet, quand on défend la patrie.

L'histoire exalte les volontaires de 89, qui mouraient pour sauvegarder notre indépendance.

Après Sedan, notre honneur était compromis ; Le gouvernement de la Défense nationale, en prolongeant la résistance, nous a rendu l'estime de l'Europe qui, peut-être, si nous n'avions pas donné cette preuve d'énergie, eût hésité à nous offrir tant de milliards pour payer notre rançon.

Les bonapartistes affirment bien haut qu'en traitant à l'heure de la captivité de Napoléon III, le vainqueur ne nous aurait pas pris l'Alsace et la Lorraine. Mais les publications officielles de l'empire allemand prouvent que ses prétentions étaient absolues dès le début de la campagne.

Je tiens à vous dire toute ma pensée :

Si je hais les conquêtes, si je suis partisan de la paix à outrance, je ne comprendrais pas, le jour où la France serait attaquée chez elle, qu'un Français hésitât à faire son devoir. Je vous jure qu'en cas d'agression, ma poitrine serait auprès des vôtres pour repousser l'envahisseur.

Occupons-nous de nos propres affaires, sans chercher querelle aux gouvernements étrangers : — Notre exemple sera peut-être suivi.

Pourquoi, si quelque ambitieux tentait d'abuser de sa force, les nations ne s'uniraient-elles pas pour s'opposer à une telle iniquité ?

Les princes ont besoin de la guerre pour se maintenir sur leur trône. Mais les citoyens ont bien plus besoin encore de la paix pour conserver leur bien-être.

De généreux esprits voient fonctionner dans quelques années un tribunal européen :

Au nom du respect de la vie humaine et du droit des peuples, les intérêts internationaux seraient réglés par un congrès, dont les décisions seraient placées sous la protection des puissances confédérées.

La Chambre des Communes d'Angleterre a déjà consacré, par un vote, un projet de ce genre déposé par un de ses membres, M. Richard. Retenez ce nom, c'est celui d'un homme de bien.

Les ennemis du progrès et de la République haussent les épaules, quand on leur cite ces tentatives philanthropiques. Ils les traitent d'*utopies*.

Combien il est facile de leur répondre!

Il y a quelques siècles, les différends entre individus se réglaient arbitrairement. Ou le seigneur décidait suivant son caprice, ou les adversaires étaient soumis à ce qu'on appelait le jugement de Dieu : Les champions luttaient, les armes à la main, et il était admis que le droit appartenait au vainqueur, c'est-à-dire au plus habile ou au plus vigoureux.

On aurait alors traité de folie cette pensée qu'un jour les voleurs et les assassins seraient punis d'après la décision impartiale de magistrats prononçant de sang-froid, avec l'aide de leur conscience et du code civil.

Pourquoi les querelles des nations ne seraient-elles pas tranchées comme celles des individus ?

— Et cela, d'autant mieux que ces querelles sont presque toujours plus individuelles que nationales, car les peuples ne demandent qu'à vivre tranquilles, et les rois seuls sont excités par l'orgueil, le despotisme et l'ambition.

Je viens de vous exposer que les principes mêmes de la République garantissent autant que possible la paix au dehors.

Ils garantissent, en outre, la paix au-dedans.

On a coutume de traiter les républicains de révolutionnaires. Il est certain, en effet, que cette forme de gouvernement s'est presque toujours établie après une secousse violente : Mais pourquoi ces troubles, ces émeutes, ces bouleversements, sinon par la faute des souverains ?

1789 est l'explosion de toutes les indignations, de toutes les colères, de toutes les haines accumulées, non-seulement dans le peuple, mais dans la bourgeoisie, par les excès séculaires de la royauté.

1830 est légitime, puisque Charles X avait violé la Charte.

1848 s'explique, quand on voit Louis-Philippe refusant d'abaisser le cens électoral et d'accorder le droit de vote aux hommes instruits, mais pauvres.

1870 n'est même pas une révolution ; il n'y a eu, le 4 septembre, ni luttes, ni proscriptions. Bonaparte avait rendu son épée ; ses courtisans ont fui ; l'empire a roulé dans le sang et dans la boue : — Rien de plus.

Comment, sous une monarchie, la nation se débarrassera-t-elle d'un maître incapable ou malhonnête ?

Avec l'hérédité, le fils succède nécessairement au père. Le père pouvait être un homme intelligent et libéral : si le fils est un idiot ou un tyran, faut-il donc que l'universalité des citoyens souffre, sans protester, de ses sottises ou de ses crimes ? Après Henri IV chevaleresque, n'avons-nous pas vu Louis XIII imbécile, Louis XIV despote, Louis XV débauché ?

Un pareil système justifie les révolutions.

La République substitue au coup de fusil le bulletin de vote.

« Dans un pays libre, dit Condorcet, il n'existe
« de force réelle que celle de la nation même.

« C'est l'existence d'un chef héréditaire qui
« ôte au pouvoir exécutif toute la force utile, en
« armant contre lui la défiance des amis de la
« liberté, en obligeant à lui donner des entra-
« ves, qui embarrassent et retardent ses mouve-
« ments. La force que l'existence d'un roi pour-
« rait donner au pouvoir exécutif ne serait que
« honteuse et nuisible, elle ne pourrait être que
« celle de la corruption.

« Nous ne sommes plus au temps où l'on
« osait compter parmi les moyens d'assurer la
« puissance des lois cette superstition impie
« qui faisait d'un homme une espèce de divinité. »

Ces vérités sont aujourd'hui répandues dans
toutes les couches sociales. C'est en vain que
les légitimistes s'appuient sur l'aristocratie de
la naissance, les parlementaires sur l'aristocratie de la fortune, les bonapartistes sur l'aristocratie du sabre : Le suffrage universel existe, et
nul n'aurait l'audace d'y toucher.

Or, le suffrage universel, c'est la République !
C'est le droit pour tout homme qui travaille et
paie l'impôt, de veiller aux intérêts de son existence et à ceux de sa famille.

Si quelque voisin vous reprochait de ne savoir
ni cultiver vos champs, ni vendre vos récoltes,
ni soigner votre bétail, ni tenir votre maison, ni
élever vos enfants, et s'il prétendait vous enle-
ver la direction de vos affaires sans même vous
laisser le droit de surveillance, je suis certain
que vous répondriez à cet indiscret en lui mon-
trant la porte.

Telle est l'histoire de la monarchie et de la République.

Voyez comment s'administre la commune :

Tous les citoyens sont électeurs et ils délèguent pour quelques années, à un petit nombre d'entre eux qui jouissent dè l'estime générale, le soin de toucher les revenus et de répartir les dépenses. Les conseillers municipaux désignent à leur tour comme maire celui qui leur paraît le plus digne ; car si, à l'heure présente, les maires sont nommés par le préfet, vous pouvez être bien convaincus que cette loi est transitoire.

Si le conseil reconnait que le maire a trompé sa confiance, il ne fait ni bruit, ni scandale ; mais, à l'époque venue, il a soin d'en choisir un autre.

Si les conseillers municipaux dirigent mal les affaires, les électeurs eux-mêmes se contentent de les changer au prochain vote.

Pourquoi l'Etat ne serait-il pas organisé comme la commune ?

La Chambre des députés, c'est le conseil municipal de la France.

Le Président de la république, c'est le grand maire élu par les mandataires de la nation.

Si les lois promulguées sont mauvaises, le peuple ne perd point patience ; il sait qu'il n'a besoin de recourir ni aux murmures, ni à la rébellion ; il se réserve de nommer au bout de cinq ans des représentants meilleurs.

C'est ainsi que le calme intérieur a toutes les

chances possibles d'être maintenu, et, en outre, que les gouvernants, soumis à l'opinion publique, sont contraints d'adopter peu à peu les réformes nécessaires.

VII.

CONCLUSIONS

Je crois avoir prouvé que la république constitue le seul moyen d'éviter la guerre étrangère et la guerre civile, — mais à la condition que la république soit..... *républicaine*.

La Révolution française a condamné la politique de conquête en proclamant la fraternité des peuples.

Elle a établi l'ordre dans la nation, en déclarant les citoyens égaux.

Elle a créé la véritable propriété en permettant à tous d'acquérir au prix de leur travail.

Elle a resserré les liens de la famille par la suppression du droit d'aînesse.

La République s'appuie donc sur ces bases fondamentales :

Amour de la paix.

Ordre,

Propriété,

Famille,

et, par suite, Religion, dans le sens le plus chrétien du mot.

Nous ne nous flattons point d'anéantir le mal en ce monde ; les méchants existeront toujours, mais notre système les rendra peut-être moins nombreux, car la faim et l'ignorance sont mau-

vaises conseillères, et nous voulons les combat-
tre par l'instruction, qui éclaire l'âme humaine
et permet à toute intelligence de produire
moyennant salaire.

La France a subi depuis quelques années des
épreuves douloureuses :

La défaite, l'invasion, la Commune.

Voyez comme elle a supporté vaillamment
tous ces fléaux à l'ombre de la République.

Elle a racheté après Sedan son vieil honneur.

Elle a fait un emprunt de quatre milliards.

Elle a réorganisé et fortifié son armée dé-
truite.

Il lui reste encore bien des progrès à réaliser.

Est-ce que la constitution du 25 février 1875,
défendue par la loyauté de M. le maréchal de
Mac-Mahon, ne les autorise pas tous ?

N'écoutez donc ni ceux qui vous parlent des
fleurs de lis et des mille ans de gloire du passé,
ni ceux qui exaltent la folie sanglante des Napoléon !

Les élections sont prochaines :

Défiez-vous des ambitieux, qui, sous un mas-
que libéral, cachent leurs principes empruntés
au despotisme !

Travailleurs de la ville et de la campagne, si
vous voulez conserver la paix et voir clair dans
les affaires du pays, qui sont les vôtres, ne con-
fiez votre mandat qu'à de vrais républicains,
fidèles observateurs de la loi, amis scrupuleux
de la probité commerciale et de la probité politique, austères dans leurs mœurs publiques et
privées.

L'heure est venue de reconnaître que la suprême sagesse gouvernementale consiste dans
la franchise et l'honnêteté.

Permettez-moi, en remerciant ceux qui ont

bien voulu me lire, de terminer par ces paroles
de M. Thiers, libérateur du territoire et grand
conseiller de la France :

« Le destin a prononcé. Personne, depuis cinq
» ans, n'a pu rétablir la monarchie, et l'Assem-
« blée nationale, quoique monarchique, a voté
« la République. Soyons conséquents, tâchons de
« faire de cette République un gouvernement
« régulier, sage, fécond, et, pour cela, deman-
« dons à la France, par les élections futures,
« d'imprimer au gouvernement l'unité de vues
« dont il a indispensablement besoin.

« Prions surtout cette chère et noble France
« de ne pas laisser rabaisser, insulter l'immor-
« telle Révolution de 89, contre laquelle tant
« d'efforts sont dirigés aujourd'hui, et qui est
« notre gloire la plus pure et la plus populaire
« chez les nations : Car c'est elle qui, depuis
« trois-quarts de siècle, a fait pénétrer la justice
« dans la législation de tous les peuples. »

TABLE DES MATIÈRES

Belfort. — Imprimerie Spitzmuller.

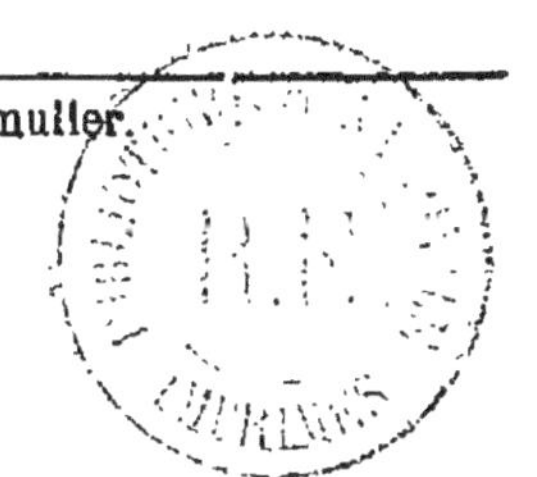

9 782012 959415